ÉTUDES LÉGISLATIVES & JUDICIAIRES
SUR L'ALGÉRIE

XXIII

L'ABSINTHISME
EN FACE DE LA LOI

PAR

UN MAGISTRAT ALGÉRIEN

« Il est peu de sujets plus dignes de l'attention de tous. »
BOUCHARDAT (*Abus des liqueurs fortes*).

SE VEND AU PROFIT DES OUVRIERS SANS TRAVAIL PAR SUITE DE LA CRISE COTONNIÈRE

PRIX : 1 FRANC

CONSTANTINE
TYPOGRAPHIE DE L. MARLE

1863

ÉTUDES LÉGISLATIVES & JUDICIAIRES

SUR L'ALGÉRIE

—

XXIII

L'ABSINTHISME

EN FACE DE LA LOI

PAR

C. FRÉGIER

PRÉSIDENT DU TRIBUNAL DE PREMIÈRE INSTANCE DE SÉTIF

« Il est peu de sujets plus dignes de l'attention de tous. »
BOUCHARDAT *(Abus des liqueurs fortes).*

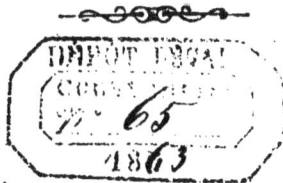

CONSTANTINE
TYPOGRAPHIE DE L. MARLE

—

1863

A chacun le sien !

Il est des circonstances où la reconnaissance n'est qu'une forme de la justice.

Je dois, en grande partie, à l'inspiration d'un homme de bien et de cœur (*), sinon la pensée tout entière, du moins la destination particulière de cette Étude.

Comment, lui disais-je, il y a quelques jours à peine, pourrais-je, dans mon humble sphère de magistrat, servir la cause sacrée de la colonisation algérienne? Serait-ce par hasard en stipulant à nos *hardis*, mais pas toujours assez sobres *colons*, en même temps que les ravages physiques, intellectuels et moraux de

(*) M. Salva, horloger à Sétif, autorisé à recueillir les souscriptions en faveur des victimes de la crise cotonnière.

l'absinthisme, les remèdes légaux contre cette *plaie* de l'Algérie?

— Eh! sans doute, me répondit-il; car moraliser, c'est coloniser, et rien, à mon avis, n'est plus moralisateur qu'un court et substantiel travail sur cet important et si opportun sujet. J'ajoute qu'incontestablement utile aux colons de l'Algérie, un pareil travail pourrait l'être encore aux ouvriers sans ouvrage de ma bien-aimée Normandie.

— Comment cela?

— En affectant à leur soulagement le résultat pécuniaire de sa vente.

— Au fait, lui dis-je, vous avez là une idée non moins ingénieuse que juste.

Voilà pourquoi je publie cet opuscule.

Je désire de tout mon cœur qu'il atteigne son double but.

Prévenir ou réfréner l'intempérance, secourir ou apaiser la misère, — quoi de plus digne de l'ambition de quiconque estime qu'outre les devoirs individuels et domestiques, tout homme a des devoirs sociaux et publics à remplir?

Sétif, le 20 février 1863.

C. FRÉGIER.

L'ABSINTHISME

EN FACE DE LA LOI

« Il faut plus d'argent pour nourrir ce vice
« que pour nourrir *six* enfants. »

Guerre à l'Absinthe et aux absinthistes ! !

Voici une plaie invétérée, large, profonde, presque toujours mortelle, à laquelle, je ne sais trop pourquoi, nous avons accordé le troisième rang numérique parmi les plaies de notre pays, tandis que nous eussions pû et, et non sans cause, la gratifier du premier rang logique.

C'est que *l'absinthisme*, j'appelle ainsi l'habitude de boire de l'absinthe à outrance, est un fléau qui, à lui seul, en comprend plusieurs autres, et qui, sous plus d'un rapport, n'est que trop digne d'être appelé, en Algérie surtout, comme l'Oisiveté par l'Écriture, — la source de tous les maux.

Ce fléau est ancien en Algérie ; il date, pour ainsi dire, du lendemain de la Conquête.

Prise d'abord comme boisson rafraîchissante et propre à prémunir les Européens contre les ardeurs et les influences d'un climat chaud et débilitant, l'absinthe ne tarda pas à devenir l'objet d'excessives et énivrantes libations, et, chose singulière et qu'il ne nous appartient pas d'expliquer, il arriva que, grâce à la plus rapide et à la plus funeste des contagions, de toutes les liqueurs la moins faite, ce semble, pour être copieusement consommée, l'emporta bientôt sur toutes ses rivales !

La liqueur d'absinthe, écrivait en 1856 M. Capo de Feuillide, était la plus généralement offerte, et son usage est encore le plus universellement répandu. A elle seule, l'Algérie en a consommé plus que toutes les autres parties du monde réunies.

N'en soyons pas surpris ! D'une part, cela est triste à dire, mais c'est ce qui résulte d'un travail spécial sur l'alcoolisme en général, et sur l'absinthe en particulier. Depuis une dizaine d'années, on consomme en France des quantités énormes d'absinthe, et dans les grands centres de population, toutes les classes de la société ont pris la désastreuse habitude de cette boisson.

Et, d'autre part, la France nous a doté de ce dangereux poison. « Non contens de nous empoisonner chez nous (c'est un français, M. Louis Figuier, qui parle), nous sommes allés porter dans l'Algérie ce meurtrier breuvage, et notre armée et nos colons en ont fait et en font encore un déplorable abus. »

Or, en France comme en Algérie, toujours d'après M. Figuier, les dangers de l'absinthe prise à dose élevée, ou d'une manière habituelle, ne sont ignorés

de personne. Ces dangers sont d'autant plus grands
que le buveur y revient toujours, obéissant à une
attraction presque invincible, et l'étrange et universelle
fascination exercée par cette liqueur, a quelque chose
d'implacable : elle rappelle ce qui se passe en Chine à
l'égard de l'opium (ajoutons, dans l'Orient en général,
à l'égard du hatchich), et l'on pourrait dire que la liqueur d'absinthe est devenue l'opium (et le hatchich)
de l'Occident de l'Europe et du Nord de l'Afrique.

M. Capo de Feuillide n'est pas moins explicite :

« Personne n'est à ignorer quels ravages cette boisson a exercés dans l'organisme tout entier des mal-
heureux que l'on désignait et que l'on désigne encore
par le sobriquet *d'absinthistes*, — tous s'en allaient
et s'en vont encore trébucher à la mort ou à la folie
idiote, pire encore ! Que de régiments l'absinthe a
décimés ! que de hauts courages elle a abattus ! que de
jeunes et vigoureuses constitutions elle a ruinées ! que
de nobles intelligences elle a éteintes ! que de défri-
chements elle a interrompus ! que de moissons elle a
fait abandonner sur pied ! — Que de ressources elle a
épuisées ! que de ménages elle a appauvris ! que de
femmes elle a rendues veuves et d'enfants orphelins !

« Tous ne périssaient pas, mais tous étaient frappés ! »

Ce que Lafontaine disait des *animaux malades de la
peste*, quel observateur n'a pu le dire de ces hommes
abrutis, — espèces d'*animaux malades de l'absinthe !*

Or, ce que l'observation constate touchant les ravages de cette liqueur, la science l'enseigne par ses
organes les plus autorisés.

Selon un médecin distingué, auteur du travail pré-
cité, l'usage de l'absinthe à dose immodérée, finit par
produire un véritable empoisonnement, qui se termine
par la folie.

Et qu'on ne le taxe pas d'exagération ! Il nous serait
facile d'en citer de nombreux exemples, chez des individus de tout sexe et de tout âge.

Qui de nous n'a vu et ne voit encore tous les jours,
des créatures qui n'ont plus guère de l'homme que la
forme extérieure, « se distinguant de leur semblables
par l'inquiétude peintes sur leurs physionomies, se tenant à l'écart, cherchant à s'isoler, tenant des mélan-
coliques par leur tristesse, et des stupides par l'inertie,
voulant sans cesse échapper à des persécutions imagi-
naires, craignant même parfois, de se voir méconnus,
ou accusés de crimes qu'ils n'ont pas commis? Tantôt
ils fuient, tantôt ils s'avancent vers vous, protestant de
leur innocence..... — Ces désordres vont croissant à
mesure que le jour tombe, et c'est au milieu de la nuit
que les plus fantastiques images font leur apparition ! »

Voilà pour le délire de l'absinthe à forme aiguë,
c'est le moins fréquent. Voici maintenant le délire à
forme chronique. — Nous empruntons au même auteur la description de ses symptômes et de ses effets :

« Le système musculaire est dans un état d'incerti-
tude et d'indécision qu'il est facile de reconnaître à des
contractions des fibres intimes des muscles, à des
tremblements de l'avant-bras, de la main et des membres inférieurs. Des sensations insolites sont aperçues
par le malade, tel que des fouillements, de la pesan-
teur et des engourdissements ; la main saisit et laisse

échapper ce qu'elle a pu prendre. Les malades ont besoin, pour se maintenir, d'un point d'appui ; ils ne sont pas solides sur leurs jambes, leurs genoux fléchissent à demi. M. le docteur Motet signale, en outre, le cachet spécial d'hébétude, les trémulations fibrillaires des lèvres, de la langue et des muscles de la face ; le regard terne et triste, la dyspepsie, l'amaigrissement, la coloration jaunâtre de la peau, la teinte violacée des membranes muqueuses, la perte des cheveux, les rides et les caractères de la caducité.

« Par suite des progrès de la légion cérébrale, le sommeil du malade est agité, il éprouve des rêves pénibles, des cauchemars, de brusques réveils. Des hallucinations, des illusions, des éblouissements, des vertiges, une céphalalgie opiniâtre, une tendance à l'hypocondrie, un embarras très-marqué de la parole, un engourdissement intellectuel, tel est le triste cortège de symptômes que présente l'individu parvenu à cet état avancé de son affection. Si les malades sont soumis alors à l'examen du médecin, celui-ci constate une véritable démence et un ensemble de symptômes qui apportent les éléments du plus grave pronostic. Rien ne peut, en effet, enrayer la marche envahissante de la lésion cérébrale : il pourra survenir quelques périodes de rémission d'une durée plus ou moins longue, mais ce répit ne saurait promettre une guérison réelle. Le retour des accidents congestifs n'est jamais très-éloigné. « Un peu plus tôt, un peu plus tard, dit M. le docteur Motet, la mort arrive au milieu d'accès épileptiformes, à un moment où il ne reste plus rien d'intelligence humaine, où l'animal seul vit de la vie végétative, et dans un état de dégradation telle, que nulle description n'en pourrait donner une idée exacte. »

Sans doute, l'Absinthisme est loin d'offrir dans tous les cas la même gravité, et tous les buveurs d'absinthe ne finissent pas nécessairement par le délire, la folie et la mort. — Mais, continue M. Figuier, si le consommateur d'absinthe qui fait de cette boisson un usage habituel n'est pas forcément voué à une fin terrible, on peut affirmer qu'il est menacé d'une déchéance morale aussi désastreuse, nous dirons, nous, plus désastreuse encore que les désordres physiques; car elle s'adresse à la meilleure partie de l'homme, à son intelligence, à son cœur, à sa volonté.

Mais en quoi consiste cette déchéance? Vous en avez à chaque instant le modèle sous les yeux. Jugez vous-même si le peintre en a fait un portrait fidèle :

« Chez le buveur habituel de cette liqueur, l'intelligence s'affaisse et fait place à l'hébétude, un égoïsme brutal remplace de justes affections, sa volonté est maîtrisée par un irrésistible entraînement vers les dégradantes satisfactions de l'ivresse. L'homme qui se distinguait naguère par de brillantes facultés intellectuelles, perd cette intelligence qui faisait sa force, et dont la possession intégrale était la condition de son existence et de celle de sa famille; l'artisan boit dans la coupe de l'absinthe le poison qui doit le rendre impropre à gagner le pain de sa femme et de ses enfants, pendant qu'il délaisse son foyer pour le cabaret, la misère s'assied à la place qu'il abandonne. « Il faut plus d'argent, a dit Franklin, pour nourrir un vice que pour élever trois enfants. »

Nous connaissons le mal, ses symptômes et ses ravages, cherchons-en le remède.

Contre un mal aussi grave, de nombreux remèdes ont dû être et ont été proposés par les hommes les plus compétents : jurisconsultes, économistes, administrateurs ; mais, si divers que soient ces remèdes, la raison et, si l'on peut parler ainsi, la *dose* de leur application semblent reposer tout entières sur cette maxime du conseiller d'Etat Berlier : l'ordre public doit s'armer plus fortement contre ceux qui le menacent davantage.

Oui, l'ordre public ! car, quoi qu'en dise Montaigne, qu'est-ce qui l'intéresse au même degré et *de plus droict fil* que la répression de l'ivresse en général, et de l'ivresse par l'absinthe, en particulier ?

Et, notons ceci, de toute ivresse par le moyen des liquides, on peut dire ce qu'un magistrat alsacien disait de l'ivresse par le vin en Alsace : qu'entre elle et l'hôpital des fous, la cour d'assises ou le cimetière, il n'y a trop souvent qu'un pas !

Examinons donc chacun de ces moyens de la combattre.

On peut les diviser à leurs catégories bien tranchées : moyens *préventifs;* moyens *répressifs.*

Parmi les premiers, figure en première ligne l'élévation des droits sur l'absinthe. Elevez ces droits, a-t-on dit, et vous empêcherez ses *sectateurs* les plus habituels et les plus nombreux de se livrer aux libations que vous voulez proscrire.

Mais ce moyen n'est pas, il est même loin d'être aussi efficace qu'on serait tenté de le croire. Qui ne connaît l'appât du fruit défendu ? « On me défend

cela, donc, je le ferai. » N'est-ce pas là le raisonne-
ment et le principe de conduite de bien des gens, et
principalement des buveurs d'absinthe ?

D'ailleurs, l'expérience le démontre, quelques cen-
times de plus, qu'est-ce que cela ferait aux ardeurs de
leur *soif exécrable ?*

Ils ne s'arrêtent pas devant si peu ! Et puis, pour
leur opposer une barrière pécuniaire capable de les
contenir, il ne faudrait rien moins que des droits impossibles à décréter, plus impossibles encore à perce-
voir.

Et quand même cette barrière suffirait par elle-
même, ils ne tarderaient pas, croyez-m'en, de la rendre plus ou moins insuffisante. Ne pouvant la franchir,
ils ne manqueraient pas de la tourner.

Voyez ce qui se passe aujourd'hui, en l'absence des
droits dont nous parlons ! Que de fraudes, que de fal-
sifications ! Etablissez ces droits, vous en aurez bien
plus encore. Le Fisc, il est vrai, y trouvera son compte,
— mais la santé publique ! Qu'on ne me parle donc
pas d'un remède qui aggraverait le mal, en rendant
plus coûteux le poison qui l'engendre.

Je préférerais de beaucoup les efforts, on ne peut
plus louables, bien que par trop insuffisants, tentés
par l'Etat, — soit pour n'autoriser qu'après informa-
tion préalable, et sur la certitude par lui acquise de la
moralité de l'impétrant et de l'opportunité de la de-
mande, l'ouverture de tout établissement fréquenté
par le public des consommateurs, — soit pour exer-
cer une surveillance, active autant que sévère, sur les
établissements où se consomme l'absinthe, — soit
pour défendre à ces mêmes établissements de donner

à boire aux mineurs, et aux majeurs déjà ivres, — soit enfin, pour placer sous le coup d'une incessante menace de suppression, ceux qui n'observeraient pas scrupuleusement les conditions qui leur ont été imposées par l'autorité administrative.

Mais, ne nous y trompons pas! ce ne sont là que des palliatifs; car il est de toute évidence que, quelles que soient ces autorisations, cette surveillance, cette défense et cette menace, jamais, au grand jamais, l'Etat ne parviendra, je ne dirai pas à tarir, mais même à diminuer considérablement la source de ce fléau. Quoique fasse l'administration, il y aura toujours trop d'établissements, de quelque nom qu'on les appelle, cabarets, cafés, hôtels, restaurants, débits, pour l'entretenir et le développer.

C'est dire assez clairement qu'à la différence de ce roi des Daces qui, pour prévenir l'ivrognerie, fit arracher les vignes de son royaume, nous ne prétendons pas à son extirpation radicale. A Dieu ne plaise que nous dépassions le but sous prétexte de le mieux atteindre! Non, certes, nous ne voulons que ce qui est possible, rien que ce qui est possible, mais aussi ni plus ni moins que ce qui est possible.

Or, ce qui est possible, savez-vous ce que c'est? C'est, en premier lieu, et toujours dans l'ordre des remèdes préventifs, l'inspection consciencieuse, intelligente, et surtout *inopinée*, de toutes boissons vendues ou exposées en vente, soit en gros, soit en détail, par une commission intelligente et profondément pénétrée de la haute utilité de sa tâche.

Certainement, des commissions semblables existent... dans le texte de plusieurs décrets et de plusieurs lois; elles constituent une des mesures les plus indispensables de la police sanitaire. Mais fonctionnent-elles comme le veut la loi, comme l'exige la santé publique? Nous voudrions répondre oui, mais la vérité exige que nous répondions non.

C'est, en second lieu, et dans l'ordre des mesures répressives, un ensemble d'arrêtés qui, rendus par l'autorité civile ou militaire, depuis le sommet jusqu'au plus bas échelon de la hiérarchie administrative, et cela, conformément aux lois visées par l'art. 471, n° 15, du Code pénal, puniraient d'une amende et quelquefois même de l'emprisonnement, l'individu qui serait en état d'ivresse, quelle qu'en fut d'ailleurs la cause, absinthe ou autres liquides.

Mais, il faut l'avouer : les pénalités qui, aux termes de ces arrêtés, pourraient frapper les absinthistes, ou, si vous aimez mieux, tout individu ivre-mort, seraient, dans la plupart des cas, sans résultat sensible pour la réformation de leur conduite. Il faut donc chercher un autre moyen pour imposer un frein plus puissant à la fureur de notre fléau, et nous croyons qu'il n'est pas difficile à trouver.

En dehors des lois mentionnées dans l'art. 471 du Code pénal, la commission dont nous parlons pourrait agir en vertu des lois et arrêtés réglementaires de la vente et de l'achat, en un mot, du commerce des substances vénéneuses.

— Mais, vous oubliez, nous répondra-t-on, que la loi du 8 juillet 1850, qui énumère ces substances, ne dit rien de l'absinthe.

— C'est vrai! Et qu'on le remarque bien, étant donnés comme existants les faits plus haut indiqués, qui donc empêcherait le législateur de la comprendre parmi ces substances? Est-ce que le bon sens ne dit pas qu'entre deux substances également dangereuses, également toxiques, il y a autant et même plus de raison de prohiber la vente d'une substance qui se boit, que la vente d'une substance qui ne se boit ni ne mange ? Est-ce qu'à tout prendre, la vente d'une substance qui sert de médicament n'est pas plus rare que celle d'une substance recherchée comme boisson? Est-ce que, dès lors, s'il importe de prohiber la première, il n'importe pas davantage de ne pas permettre la seconde?

Eh! bien donc, que sur cette substance, vraie sirène entre toutes les autres inscrites au tableau qui suit la loi de 1850, que sur cette substance, dis-je, se porte aussi, et avant tout, la sollicitude de notre commission, et d'ici à peu, nous devons l'espérer, l'absinthe sera sans danger, sinon pour la bourse, à coup sûr pour la santé des absinthistes.

Que vous mangiez votre argent en buvant, ô infortunés absinthistes! c'est un mal, mais un mal que le législateur, forcé d'incliner ses faisceaux devant la liberté individuelle, ne peut, absolument parlant, ni prévenir, ni empêcher. Mais si, poussés par une faim fratricide de lucre, il vous plaît, à vous qui versez le poison à forte dose dans leur coupe meurtrière, de ruiner leur santé, de dévorer leur vie, et avec elle, celles de leurs femmes et de leurs enfants.

Halte-là! messieurs les empoisonneurs! le législateur vous arrête! Ces corps, ces membres, cette santé et cette raison d'homme dont vous n'avez souci, il veut, malgré vous, malgré eux, les conserver pour leur

famille, pour leur cité, pour leur pays, et qui que
vous soyez, il a le droit, que dis-je ? le devoir de vous
défendre d'y toucher.

Impossible donc de nous objecter comme un fait
accompli, et accompli sans rémission et sans retour,
le silence de la loi de 1850. Ce silence, nous venons
de le voir, il est rationnel, facile et nécessaire de le ré-
parer à l'avenir.

Et d'ailleurs, dès à présent, la loi n'est pas, tant
s'en faut, désarmée devant les désordres qu'entraînent
des libations nuisibles à la santé publique. Celle du
27 mars 1851, qui tend à la répression, plus efficace
que par le passé, de certaines fraudes de marchandi-
ses, et qu'un décret impérial du 14 septembre de la
même année a promulguée en Algérie, punit, suivant
les cas, d'une amende qui ne peut être au-dessous de
cinquante francs et d'un emprisonnement de trois
mois au moins, avec affiche du jugement de condam-
nation, les falsificateurs de substances alimentaires
destinées à être vendues ou mises en vente, quand ces
substances contiennent des matières nuisibles à la
santé.

Or, l'absinthe est-elle du nombre de ces substances ?
Qui en doute ?

N'est-il pas certain, n'a-t-il pas été scientifiquement
démontré que la distillation des plantes qui concou-
rent à la composition de la liqueur d'absinthe, fournit
diverses huiles volatiles, dites *huiles essentielles* ou
essences, qui tiennent le premier rang parmi les poi-
sons les plus violents ? N'est-il pas tout aussi incon-
testable qu'une partie des effets toxiques de l'absinthe
doit être attribuée à l'action de ces essences vénéneuses ?

Que serait-ce, si la science, au lieu de distiller des plantes, avait analysé certaines substances, telles, par exemple, que le sulfate de cuivre, si souvent employées pour colorer la prétendue liqueur d'absinthe ?

Oh ! c'est alors surtout que le législateur s'expliquant dès à présent et avec plus de netteté encore, sur les moyens en son pouvoir pour en prévenir ou en supprimer la consommation, eut créé des commissions telles que nous les demandons, et, d'autre part, édicté des peines bien autrement graves que celles que nous venons de mentionner !

Mais, ce n'est pas tout.

Par analogie avec ce qu'il a édicté en matière de vagabondage, de mendicité et d'infraction de bans, dans les articles 269-276 du Code pénal, le législateur ne pourrait-il pas, pour combler une trop regrettable lacune dans notre système de répression, ordonner que tout individu surpris en état d'ivresse, serait immédiatement arrêté et mis sous mandat de dépôt, comme prévenu du délit d'ivrognerie ?

J'entends une objection : Pourquoi faire un délit, ressortissant des tribunaux correctionnels, d'un vice, d'une faute, qui ne ressort que du tribunal de l'opinion publique, de la morale et de la religion ?

Vaine objection aux yeux de la loi, plus vaine encore aux yeux de la raison ! La loi, en effet, punit comme coupable contre la chose publique, toute personne valide trouvée mendiant dans un lieu quelconque, ou n'ayant ni domicile, ni moyen d'existence, ou n'exerçant habituellement ni métier, ni profession.

Or, la punit-elle parce que, dès là qu'elle est men-

2

diante ou vagabonde, elle commet actuellement un acte délictueux en soi? — Nullement! — mais bien parce qu'elle menace éventuellement la chose publique d'un trouble résultant de l'état de mendicité et de vagabondage.

Donc, ce qu'elle a fait pour ces deux délits *éventuels*, et, puis-je ajouter, pour l'exercice illégal de la médecine et la violation des lois sanitaires, elle peut le faire pour l'ivresse.

Elle le peut. Mais, le doit-elle?

Oui, car la raison le veut. Nommez-moi un seul crime, un seul délit, un seul fait de nature à porter atteinte au respect de la propriété ou à la sécurité des personnes, dont l'ivresse ne puisse être l'occasion plus ou moins prochaine! Est-ce que l'homme ivre, c'est-à-dire qui abdique plus ou moins volontairement sa raison, ne se constitue pas en testation permanente d'actes criminels ou délictueux? Devenu brute, quelle est la loi humaine qui contiendra ses instincts brutaux? — Demandez à la statistique pénale de l'Angleterre, de l'Alsace et de l'Algérie!

Mais ne parlons que de l'Angleterre et de l'Alsace.

Il résulte d'un discours prononcé, en 1851, à Londres, dans la Société des Arts et Métiers, par le révérend Owen, que dans la seule prison de Northumpton, sur 302 individus qui y avaient été renfermés pendant le 2me semestre de 1852, 64 y avaient été conduits par des excès de boissons.

Quant à l'Alsace, l'ivrognerie est la cause habituelle de la plupart des délits. Les meurtres y sont très-fréquents, et les coups et blessures innombrables. Comment concilier, s'écrie un jurisconsulte alsacien,

M. de Neyremand, comment concilier, si ce n'est par l'abus du vin qui opère les plus cruelles métamorphoses, la perversité ou la méchanceté que supposent ces méfaits, avec la douceur naturelle et la moralité bien connues de notre province? Ces hommes, que la nature a fait doux et paisibles, le vin et, à plus forte raison, l'*absinthe*, les rend querelleurs, méchants et sanguinaires.

Eh! qu'ai-je besoin de citer d'autres faits? Aujourd'hui, plus encore qu'autrefois (car on dirait que l'homme s'ingénie à trouver des moyens de *s'abrutir*), ne faut-il pas définir l'ivresse, *ébrietas*, comme l'ont définie plusieurs Pères de l'Eglise?

L'ivresse, disent-ils, c'est la mère de tous les excès, la racine des crimes, l'origine des vices, le trouble de l'intelligence, le bouleversement des sens, la tempête de la langue, le naufrage de la pudeur, une folie volontaire, la honte des mœurs, le déshonneur de la vie, la transformation de l'honnêteté en infamie, l'orage du corps, la corruption de l'âme!

Et maintenant, doutez-vous encore de la nécessité d'assimiler l'ivresse à un délit? Eh quoi! voici un animal dangereux, qui vient d'échapper de sa ménagerie; il va, cherchant à droite, à gauche, dans tous les sens, qui mordre, qui dévorer, et parce qu'il n'a encore ni mordu, ni dévoré personne, vous le laisseriez en toute liberté!

Oh! ne dites pas que la volonté n'est pour rien dans l'ivresse: que ses conséquences sont la faute de la boisson et non de l'homme qui la boit!

Est-ce soutenable? — Qui donc vous a introduit dans cette taverne, qui vous a entraîné dans ce cabaret? Est-ce vous qui êtes venu vers l'absinthe, ou l'absinthe qui est venue vers vous ?

Encore une comparaison. — Voulez-vous empêcher un monstre d'avoir des petits? Tuez-le avant qu'il ne mette bas. — Le monstre, c'est l'absinthisme; ses petits, c'est la hideuse cohorte d'excès, de vices, de délits et de crimes qu'il enfante !

Donc, encore une fois, que le législateur algérien punisse l'ivresse! Qu'il la punisse comme un délit, alors même qu'elle n'en a encore produit aucun. Il fera ce que firent plusieurs peuples de l'antiquité, et ce que font encore plusieurs peuples modernes. — Qu'il la punisse *pécuniairement* par l'amende, — *corporellement* par la prison, — *moralement* par l'exclusion ou la déchéance de certains droits civils, municipaux et politiques! L'exercice de ces droits suppose une raison et un bon sens permanents. — Mais ce bon sens et cette raison, où les trouver permanents chez les hommes qui s'exposent habituellement à perdre l'un et l'autre?

C'est ainsi que dans la Grèce et à Rome, à Rome surtout, cette ville maîtresse dans l'art de gouverner les hommes tout comme dans celui de les vaincre et de les conquérir, les gens adonnés à la boisson étaient notés d'infamie et exclus des emplois publics. C'est ainsi encore qu'en Arabie, en Perse, dans certains cantons de la Suisse, en Suède et dans l'Amérique septentrionale, l'ivresse est une de ces flétrissures morales que la loi se garde bien de laisser impunies.

C'est d'ailleurs, hâtons-nous de le proclamer, ce qu'avait parfaitement compris notre François Ier, quand, renouvelant un édit de Charlemagne, il disait dans son ordonnance du 31 août 1536 :

« Quiconque sera trouvé yvre soit incontinent constitué et retenu prisonnier au pain sec et à l'eau ; et si secondément il est reprins (repris) sera, en outre ce que devant, battu de verges ou fouet par la prison ; et la tierce fois fustigé publiquement, et s'il est incorrigible il sera puni d'amputation d'oreille, d'infamie et de bannissement de sa personne ; et si est, par exprès, commandé aux juges chacun en son territoire et district d'y regarder diligemment. »

Nous ne nions pas qu'il n'y ait dans de pareils châtiments un reste de barbarie, que nous n'avons certes pas la pensée de voir reproduire parmi nous. Autres temps, autres mœurs, autres lois. Mais on conviendra sans peine que parmi tous ces châtiments, qui ne sont plus de notre époque, la prison serait tout aussi applicable aujourd'hui qu'au 16me siècle.

Nous demandons donc, et nous le demandons avec plus d'un publiciste et d'un jurisconsulte, que la loi algérienne déclare que l'ivresse est un délit ; — Que quiconque sera trouvé ivre dans les rues, chemins, places et lieux publics, soit incontinent arrêté et détenu jusqu'à ce qu'il ait été interrogé ; — Que, pour la première fois, il soit passible d'une amende de 15 à 50 francs, dont un cinquième pour les officiers de police qui l'auront arrêté, et le restant, pour les pauvres de sa commune ; — Qu'en cas d'insolvabilité, la peine soit convertie en celle de l'emprisonnement de six jours au moins à un mois au plus ; — Qu'en cas de récidive, n'importe à quelle époque, ces peines puissent être doublées, sauf, dans tous les cas, le bénéfice des circonstances atténuantes; — Qu'enfin, cette loi soit affichée dans tous les cabarets, auberges, débits, cafés, etc., sous peine d'une amende de 15 à 25 fr.

Est-ce assez? Non, il y a mieux et plus encore à faire. — Quoi donc? Nous demandons que, constitués, en quelque sorte, gardiens et *patrons* de la raison de leurs clients, tous aubergistes, cabaretiers, débitants, etc., qui auraient laissé ces derniers s'enivrer dans leurs établissements, ou les auraient excités à s'enivrer, et ce, quand même de leur ivresse il ne résulterait aucun mal, ni dommage vis-à-vis des tiers, soient considérés comme complices de leur délit, et, en outre, solidairement tenus avec eux de toutes les réparations pécuniaires prononcées contre les délinquants principaux à l'occasion du préjudice par eux causé pendant leur ivresse.

Cette disposition, conforme au droit de la vieille Allemagne sur cette matière, ne serait guères qu'une imitation de celle contenue dans l'article 475 § 7 du Code pénal. Nous demandons que si les individus ivres sont des mineurs, l'amende prononcée contre eux soit double de ce qu'elle serait si ces individus étaient majeurs. — C'est ce qui se pratique en Suède, le pays d'Europe où le législateur semble avoir jusqu'ici le mieux compris l'importance de la répression de l'ivresse.

Nous demandons enfin que tous débiteurs pour cause de boissons consommées dans les établissements précités, et alors que leur dette aura été contractée dans des circonstances de nature à démontrer qu'elle l'a été pour libations excessives, soit assimilée à une dette de jeu et que le créancier n'ait pas d'action pour en répéter le montant.

On nous accusera sans doute de draconisme. — Mais, franchement, le remède légal que nous proposons, fût-il extrême, ce que nous nions hautement, les lois de Suède, d'Angleterre et d'Amérique en main, pourrait-on nous en faire reproche? En bonne logique et en bonne médecine, là où le mal est violent, le remède ne doit-il pas l'être aussi?

Peut-être, nous ferons cette concession, si l'on veut, peut-être nos vues seraient-elles trop sévères pour la France, ou, plus exactement, certaines parties de la France. — Mais pour l'Algérie, non, mille fois non! Ici, bien plus que dans la Métropole, l'ordre public, le progrès intellectuel et moral, l'intérêt de la colonisation, le développement du travail, la nécessité pour nous de consacrer nos forces vitales à la dure et laborieuse préparation de son avenir, tout se réunit pour frapper de peines sévères un délit dont les ravages, non moins difficiles à prévenir qu'à réprimer, sont aussi étendus que désastreux.

Mais n'allons pas croire que notre projet de loi, en admettant qu'il fut purement et simplement adopté, coupera par la racine le mal de l'absinthisme. Nous connaissons trop les misères de l'homme pour oser l'espérer. Nous pensons seulement, et sous ce rapport notre conviction est inébranlable, que, pour ne pas être anéanti par elle, ce mal n'en sera pas moins considérablement diminué, et qu'ainsi santé, travail, colonisation, progrès, prospérité publique, y gagneront, dans une plus ou moins large mesure, tout ce qu'y perdront l'oisiveté, la folie et le crime.

Et puis, ne nous le dissimulons pas, — à côté et
au-dessus de ces moyens coërcitifs de sobriété, il en
est un plus radical, plus efficace, plus sûr que tous les
autres, éminemment digne de clore cette rapide étude
sur l'absinthisme, comme il vient de couronner les
Etudes sur les réformes de la procédure, d'un véné-
rable et savant magistrat (*).

Disons donc qu'il faut avant tout attaquer le mal
dans les corruptions de la nature humaine, et que pour
en venir là, ce n'est pas un code terrestre, le code
pénal qu'il s'agit d'invoquer, mais ce Code des codes,
descendu du ciel, promulgué dans la conscience et
dont l'*instruction morale et religieuse* est le bienfai-
sant commentaire.

C'est ce qu'avait compris, c'est ce que pratiqua
mieux encore le grand Thaumaturge moral, le prêtre
dévoué, l'humble capucin, qui, prenant à cœur de
guérir ses semblables de la peste des boissons enivran-
tes, et armé de la seule parole sacrée, — partout, sur
son passage, dans la catholique Irlande, dans la pro-
testante Angleterre, dans les Etat-Unis, enrôla sous
le noble étendard des *Sociétés de tempérance*, cette
œuvre sainte entre toutes, des millions de créatures
humaines de tout sexe et de tout rang, qu'il arracha
à une misère, à une démence, à une corruption, et
même à une mort inévitables. — Qu'il nous suffise de
nommer le *père Mathew*.

Exoriare quis! Mais en attendant que du milieu de
nous surgisse un véritable apôtre du Christ, comme
le père Mathew, et comme lui, puissant en paroles et

(*) M. Lavielle, Conseiller à la Cour de Cassation.

en œuvres, que l'Etat, que les départements, que les
communes s'associent à la loi, et s'attachent à répan-
dre par la presse, par les bibliothèques publiques, par
les écoles, par les institutions moralisatrices, telles par
exemple, que les sociétés de secours mutuels, chari-
tables et philantropiques, les orphéons, etc., l'amour
du travail, de l'ordre, de la sobriété, de la tempérance! Mais surtout, c'est là l'essentiel, qu'ils cher-
chent de concert à propager, au sein des classes agri-
coles et industrielles, ce bienfait inestimable de l'instruction morale et religieuse, bien autrement propre
que la multiplication des leçons et des conseils de
l'hygiène populaire, préconisés par M. Figuier, à les
avertir des dangers de l'ivresse et à les en préserver.

Bâtir sur le roc immobile de la morale divine et religieuse, ne vaut-il pas cent fois mieux que bâtir sur
le sable mouvant d'une morale toute humaine et toute
hygiénique?

C'est du cœur, a dit Vauvenargues après l'Evangile,
que viennent les grandes pensées. — C'est du cœur
aussi, du cœur régénéré par les ineffables influences
d'une religion éclairée et sincère, qu'émanent ces
fortes et généreuses résolutions qui renouvellent la
face de la vie des individus comme des peuples.

NOTES.

COMPOSITION DE L'ABSINTHE.

Elle renferme des proportions variables d'alcool, de 15 à 70 pour 100, puis des essences d'anis et d'absinthe qui ont encore une action mauvaise sur le système nerveux.

L'absinthe commune est faite avec de l'alcool à 40 pour 100; l'absinthe suisse, avec de l'alcool à 72 pour 100.

Plusieurs substances entrent dans la composition de l'absinthe; voici les principales : feuilles d'absinthe majeure et mineure, racines d'angélique et calamus, feuilles de dictame de Crète, badiane, etc. On y ajoute de l'essence d'anis, et quelquefois d'autres aromates. Les plus honnêtes fabricants colorent avec du jus d'ortie ou d'hysope; d'autres emploient le curcuma et l'indigo; d'autres, du bleu éteint, nom en apparence inoffensif qui cache le sulfate de cuivre ou vert-de-gris.

SON ACTION PHYSIOLOGIQUE.

L'absinthe a pour certains hommes d'irrésistibles attraits; les ondulations bizarres de l'eau qui verdit et blanchit, le parfum pénétrant de l'alcool et des essences déterminent immédiatement une sécrétion agréable que double l'habitude. Cette boisson est ordinairement prise avant le repas : l'estomac étant vide, l'absorption est plus rapide; l'action de l'alcool et des essences est alors et plus instantanée et plus intense. A peine a-t-on savouré la perfide liqueur que l'intelligence semble animée, surexcitée. Si le buveur se livre à des travaux d'imagination, surviennent des éclairs heureux; mais ce bien passager entraîne à sa suite une longue série de maux...

Je crois que l'usage journalier de cette liqueur conduira plus fréquemment et plus fatalement au délire chronique et à la paralysie générale progressive que les autres alcooliques, l'absinthe venant au premier rang parmi les liqueurs dangereuses.

De l'avis des philosophes, des médecins, de tous les observateurs, l'ivrognerie est devenue la plus grande cause de la misère; or, la misère est la plus grande cause de mort prématurée. (BOUCHARDAT.)

SOCIÉTÉS DE TEMPÉRANCE.

Le mouvement de ces sociétés a commencé en Amérique, à Boston, en 1826, et cinq ans après, en Angleterre. Le gouvernement de l'Union s'y est associé en supprimant les distributions d'eau-de-vie aux soldats, et en interdisant l'usage des liqueurs fortes aux marins.

En 1836, les Etats-Unis comptaient environ 1,500,000 membres de ces sociétés... Dans l'Etat du Maine, la vente des spiritueux est absolument interdite par la loi. A Bangor, seconde ville du même Etat, trois mois après la mise en vigueur de cette loi, les peines sont presque nulles, et la police n'a pas fait une seule arrestation.

En 1836, 12,000 ivrognes polaires s'étaient corrigés dans l'Amérique septentrionale. (V. AMPÈRE, *Promenade en Amérique*, t. I, p. 286.)

À Condahor, en Perse, l'homme ivre est placé à rebours sur un âne, et promené ainsi dans toute la ville au son d'un petit tambour.

En Allemagne, l'ivresse était punie de fortes amendes.

Dans certains cantons de la Suisse, les ivrognes étaient punis de la prison, et défense leur était faite de boire du vin pendant une année. Aujourd'hui encore, dans les cantons d'Uri et d'Unterwald, ceux qui pressent quelqu'un à boire et à s'enivrer subissent une amende de 25 florins, et double s'ils sont aubergistes; il est défendu à ces derniers de donner à boire à crédit.

En Alsace, à Ensisheim, les hommes et les femmes ivres étaient condamnés à trois jours de prison, au pain et à l'eau; en cas de récidive, à huit jours, et la troisième fois à un plus long emprisonnement.

En Angleterre, tout homme trouvé ivre, quel que soit d'ailleurs son rang, est conduit devant le juge de police qui le condamne à une amende ou à la prison.

En Suède, tout individu surpris en état d'ivresse est condamné pour la première fois à une amende de trois dollars; pour la seconde fois, à une amende double; pour la troisième et la quatrième fois, à une amende plus forte encore, avec privation du droit d'électeur, d'éligible et de quelques autres droits fondés sur la confiance que peuvent avoir en lui ses concitoyens. Il est en outre publiquement exposé dans sa paroisse le dimanche suivant. S'il est surpris en état d'ivresse une cinquième fois, on l'enferme dans une maison de correction, on le condamne à six mois de travaux forcés, et s'il recommence, il est emprisonné pendant une année entière. — Quiconque est convaincu d'avoir entraîné un autre à s'enivrer est condamné à une amende de 3 dollars qu'on double si celui qu'il a fait enivrer est encore mineur. Le laïque qui s'enivre est suspendu de ses fonctions et même destitué. S'il s'agit d'un ecclésiastique, il perd immédiatement son emploi.

Voir, pour plus de détails, l'excellent travail de M. de Neyremand, alors président du Tribunal de première instance d'Altkirch, aujourd'hui conseiller à la Cour impériale de Colmar, *sur la nécessité de réprimer l'ivresse.* (Revue antique de Législation, t. XIII, p. 513.)

CONSTANTINE. — TYPOGRAPHIE L. MARLE.

On trouve cet Ouvrage

Dans les bureaux de l'*Echo de Sétif*, de l'*Indépendant* de Constantine, du *Zéramna*, de la *Seybouse* du *Journal de Rouen* et du *Hâvre*;

Et chez les principaux libraires de l'Algérie et des départements de la Seine-Inférieure, de la Somme, de l'Eure, du Nord, du Haut-Rhin, du Bas-Rhin, du Calvados, de la Manche, de l'Orne, et généralement dans tous les départements qui souffrent de la crise cotonnière.

www.ingramcontent.com/pod-product-compliance
Lightning Source LLC
Chambersburg PA
CBHW070749210326
41520CB00016B/4641